AF278638

LES ÉLECTIONS NOUVELLES

ET LA VIEILLE POLITIQUE

Au moment où paraîtront ces pages, les élections seront faites, le pays se sera prononcé sur la politique qu'il entend suivre ; au moment où je les écris, il n'y a sur le résultat du scrutin que des probabilités fort incertaines à exprimer. Aussi n'est-ce pas la question électorale qui va m'occuper ici ; cette question, quelque importante qu'elle soit, est une question essentiellement contingente, car elle dépend des courants momentanés qui se forment, souvent sous l'influence de circonstances passagères, et qui disparaissent rapidement sans laisser de traces. Il est certain, par exemple, que la simple crainte d'un évènement, trouble intérieur, complication à l'étranger, cet évènement fût-il tout à fait improbable, suffit pour changer du jour au lendemain le caractère d'un scrutin politique au point de le lancer dans les extrêmes les plus incompatibles. Mais, de ces fluctuations conscientes et quelquefois inconscientes de l'opinion publique, il se dégage, si l'on regarde d'un peu haut, les tendances générales des masses ; derrière ces luttes locales et ces compétitions des partis, on aperçoit, en écartant les détails, les conditions nécessaires de l'existence sociale. Ce sont ces tendances et ces conditions que je me propose d'examiner brièvement aujourd'hui à propos de la nouvelle Chambre qui vient de sortir du vote populaire et qui se réunira bientôt.

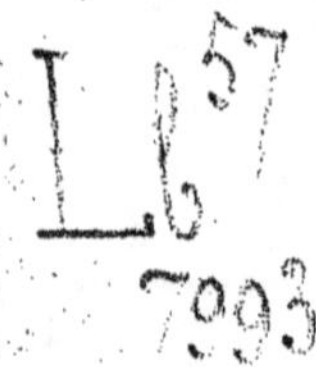

Et d'abord, cette Chambre, les circonstances présentes étant données, représentera-t-elle réellement l'opinion du pays ? Il n'est pas sans intérêt de le voir. A cette question, les partisans du scrutin de liste doivent résolûment répondre : non. On se rappelle, en effet, les arguments présentés dans la presse et à la tribune contre le vote par arrondissement. De mesquines préoccupations personnelles sont seules en jeu, disait-on ; les élus sont dans la plus étroite dépendance de l'électeur qui vote la plupart du temps pour un homme, non pour une idée ; les considérations d'ordre purement local guident le scrutin ; dès lors, le résultat général est dû au hasard, non à la volonté réfléchie du pays. Ceux qui soutenaient cette thèse oubliaient qu'ils condamnaient ainsi en bloc la Chambre à laquelle ils s'adressaient, qu'ils attaquaient la légitimité de leur propre élection, et discréditaient du même coup tout cet ensemble de lois péniblement élaborées pendant quatre ans de travaux parlementaires. Une pareille conclusion leur importait peu, il est vrai, ils ne se souciaient que médiocrement du passé auquel on ne pouvait plus porter remède, ils n'envisageaient que l'avenir qui allait devenir dans quelques mois une réalité présente. Il leur semblait que, pour sortir des indécisions gouvernementales, l'heure était venue de consulter en grand le pays, de constituer une majorité homogène, compacte, surtout durable, et ils estimaient que le système uninominal, le système parcellaire était un très mauvais procédé de consultation.

Il y avait du vrai et du faux dans cette manière de voir. Il est parfaitement vrai que le scrutin d'arrondissement n'est pas susceptible de créer de grands courants d'opinion, d'apporter des solutions claires, précises, impérieuses aux difficultés politiques ; mais cela est une illusion, et une illusion dangereuse, de croire que ces courants et ces solutions puissent se trouver au sein du suffrage universel au moyen d'un mécanisme électoral quelconque. Sauf quelques populations urbaines, travaillées depuis longtemps en sens divers par les politiciens, la grande masse électorale ignore complètement les subtilités du régime parlementaire, et n'a aucune opinion fixe sur les problèmes variés qui se posent devant les assemblées législatives ; elle est parfaitement indifférente en politique, peut-être plus encore qu'en religion. Non pas, certes, qu'elle ne soit républicaine par ci, monarchique par là ; mais la monarchie et la république ainsi entendues ne constituent qu'une vague et indéfinissable aspiration sur laquelle aucun programme gouvernemental ne peut être établi. On peut, sans doute, quelquefois faire converger pour un instant les esprits sur tel ou tel point spécial de la politique courante, mais ce sont là — les évènements ne l'ont que trop montré, — des mouvements artificiels qu'il n'est pas sage de prendre au sérieux. Nous vivons en un temps de divergences intellectuelles, d'anarchie mentale, de mélange incohérent d'ancien et de nouveau — on peut le regretter, le déplorer, mais on ne peut le contester sérieusement; c'est donc de cette vérité certaine qu'il faut partir, si l'on veut faire quelque chose de pratique. C'est précisément la supposition contraire que les partisans du scrutin de liste mettent à la base de leur politique. Ils ont pour principe une irréalisable unité, ils cherchent le grand courant populaire qui est une illusion, pour arriver à l'homogénéité de la majorité parlementaire qui est une chimère.

Et quoi ! m'objectera-t-on, l'union des nuances républicaines n'est-elle pas possible dans certaines conditions ? L'Angleterre, qui pratique depuis tant de siècles et avec tant d'éclat le parlementarisme, n'a-t-elle pas un parti unique de progrès en face du parti de la conservation ? Cet exemple, que j'ai entendu citer plus d'une fois, n'est valable à aucun degré; d'abord parce que la France n'a ni le tempérament anglais ni les mœurs anglaises; ensuite parce que l'Angleterre n'a ni la Révolution de 89 dans son passé, ni le suffrage universel dans son présent. Ces différences entre les deux pays sont essentielles, elles correspondent à deux états sociaux qui n'ont de commun que le nom. En Angleterre, le parti tory est un parti monarchique comme le parti whig, la forme de gouvernement reste en dehors des discussions politiques; en France, le problème s'est compliqué depuis longtemps, à la monarchie légitime, césarienne ou constitutionnelle, est venue se joindre la république dans ses nombreuses manières d'être. En Angleterre, deux classes, la noblesse et une bourgeoisie d'élite ont eu seules l'occasion d'exercer le pouvoir ; en France, toutes les classes ont dirigé et dirigent les affaires tantôt alternativement, tantôt concurremment. Il est certainement loisible de préférer l'une ou l'autre de ces deux situations, mais il n'y a pas à les comparer, il n'y a surtout pas à proposer l'une comme exemple à l'autre. En France, je le répète, le développement historique a ajouté des éléments nombreux de discorde que les autres pays européens ne connaissent pas encore, mais qu'ils connaîtront un jour, et ces éléments existent, remarquez-le bien, dans le camp conservateur autant que dans le camp libéral. Trois monarchies sont en compétition, ne se liguant que dans leur rôle négatif, deux ou trois républiques sont en présence ne s'entendant que dans ces moments critiques où il s'agit de combattre l'ennemi commun ; les unes comme les autres sont fortes dans l'opposition et deviennent hésitantes lorsqu'elles arrivent au pouvoir. C'est là un phénomène qui saute aux yeux des moins clairvoyants et contre lequel il n'y a pas de mesures à prendre, parce qu'il résulte nécessairement, fatalement de la masse et de la diversité des idées nouvelles en circulation. Mais si cette multiplicité de vues politiques est certaine et irrémédiable, — ce qui est hors de doute, — comment gouverner, comment imposer un programme qui gênera tant d'autres programmes plus ou moins similaires et partant plus ou moins hostiles? Le problème eût été certes embarrassant si les combinaisons politiques avaient la rigueur des formules de l'algèbre. Tel n'est heureusement pas leur cas ; l'équation gouvernementale admet une infinité de solutions qui, si elles ne sont pas toutes définitivement bonnes, peuvent être toutes provisoirement acceptables. Depuis 1871, nous avons eu les preuves les plus manifestes, les plus convaincantes de cette élasticité des conceptions politiques, de cet équilibre forcé qui s'établit entre des tendances contraires et contrairement à toutes les prévisions. Une assemblée en majorité monarchique a voté la constitution républicaine sous laquelle nous vivons, une Chambre d'un républicanisme incontestable a voté avec empressement des lois auxquelles aucune monarchie n'aurait rien à objecter. Tout cela s'est fait sans parti pris, sans profonds calculs, sans combinaisons savantes, au jour le jour, sous la pression des nécessités du moment ; on a toujours gouverné sans trop savoir comment, louvoyant entre les nombreux écueils, s'efforçant de commettre le moins de fautes possible et remettant au lendemain, qu'on croyait plus propice, ce qu'on n'avait pas pu faire la veille. C'est ainsi qu'on procédera encore, sans que cela empêche de dégrever les impôts, d'améliorer la défense nationale, d'augmenter l'instruction, de vivre en bonne intelligence avec les voisins.

Est-ce à dire qu'il n'y ait aucun moyen de faire mieux, de marcher plus droit et plus vite dans la voie du progrès? Nul ne le pensera. Dans cette sorte de politique d'atermoiements et d'habiletés, l'influence des personnes tient le premier rang, et le programme n'a de valeur que par l'homme qui le propose. Or, le seul homme qui soit présentement capable de s'imposer aux diverses fractions du parti républicain, sinon pour les fondre en un groupe uni — une pareille tâche est une impossibilité sociologique — du moins pour leur arracher les concessions nécessaires au triomphe d'une idée donnée, est resté jusqu'à présent à l'écart. Il est donc certain que l'entrée de M. Gambetta aux affaires pourra améliorer beaucoup la situation et lever bien des difficultés gouvernementales ; à défaut d'homogénéité, il obtiendra sans aucun doute une trève plus ou moins durable des partis, c'est-à-dire la seule chose qui se puisse obtenir dans les circonstances complexes au milieu desquelles le pays se trouve. M. Gambetta, on le sait, est partisan convaincu du scrutin de liste ; il a semblé même un instant faire de l'adoption de ce scrutin une condition de son ministère ; en tout cas il le considère comme un élément indispensable du gouvernement tel qu'il l'entend. C'était là la meilleure des raisons en faveur de ce mode de scrutin, et peut-être eût-il été plus politique de l'accorder, puisqu'il facilitait la tâche de la seule combinaison ministérielle pouvant produire une apparence de cohésion dans la majorité parlementaire.

Chose curieuse et digne de remarque : cette question de loi électorale n'a été traitée à la Chambre et au Sénat que par les petits côtés. Personne n'a essayé de placer le débat sur son véritable terrain, et d'éclaircir un des points les plus intéressants, — le plus intéressant peut-être — de la politique contemporaine. C'était pourtant là l'occasion ou jamais de dissiper une équivoque qui pèse lourdement sur l'état actuel des choses sociales. Depuis quatre-vingt-douze ans on a expérimenté bien des choses, des monarchies de toutes couleurs, des républiques de toutes espèces, des constitutions de toutes sortes, sans s'apercevoir que le caractère de la politique restait invariablement le même. Le fait est qu'on a beau imaginer toutes les combinaisons possibles, toutes les complications et toutes les simplifications imaginables, on ne trouvera jamais que deux façons de gouverner les sociétés modernes : la centralisation ou la décentralisation, l'autorité ramenée au centre ou le self-government. Entre ces deux systèmes contradictoires, incompatibles, il faut choisir ; au lieu de cela les hommes d'Etat s'évertuent sans cesse à les combiner en proportions variables, espérant les corriger l'un par l'autre. Là est l'erreur fondamentale de nos conceptions politiques.

Dans l'ordre sociologique comme dans tous les ordres de phénomènes naturels, il n'y a pas d'à peu près, il y a des nécessités
qu'on peut ne pas comprendre, mais qu'il est impossible d'éluder.
Parmi ces nécessités il en est une qui est particulièrement
méconnue, et qui se présente pourtant à tout instant sous les
formes les plus diverses : les conceptions nouvelles doivent, pour
arriver à la pratique, revêtir de nouvelles formes. Cela est vrai
en morale, en art, en politique, en économie sociale, et cela est
tellement évident que personne ne songe à le contester tant qu'il
s'agit de théorie ; ce n'est que dans l'application que le parti du
progrès maintient volontiers les institutions, à condition qu'on
change les idées et que le parti conservateur accepte sans se
plaindre les substitutions de principes, pourvu que les formes
demeurent inébranlables. Il résulte de là l'impuissance des institutions et la stérilité des idées, un cercle vicieux dont on sort momentanément après de pénibles efforts, et dans lequel on retombe
à la première occasion. Cela est particulièrement frappant dans
les idées gouvernementales qui prédominent. La politique suivie
jusqu'à présent est la politique jacobine qui n'est, à bien prendre,
que la politique des monarchies absolues : un programme élaboré
par les hommes d'élite et imposé à la masse inculte et obéissante ;
c'est ce que j'ai appelé la politique *qualitative*. Une pareille
politique n'est pas mauvaise en elle-même, elle peut être et a été
souvent utile et bienfaisante, seulement elle exige des conditions
spéciales qui ne se retrouvent pas toujours, parce qu'elles dépendent directement de l'état du développement social. La forme gouvernementale n'intervient ici d'ailleurs d'aucune façon ; Louis XIV
et Robespierre, le champion du catholicisme et le fondateur du
culte de la Raison ont pu imposer leurs programmes par les mêmes
procédés sans rencontrer d'invincibles résistances ; ils n'avaient
affaire qu'à quelques milliers de citoyens, — le peuple n'existait
pas, il était encore à l'état de masse taillable et corvéable à merci,
au profit de n'importe quelle idée, d'une idée juste ou d'une idée
fausse. Ce peuple est intervenu depuis d'une façon effective par la
propagation de l'instruction et par le suffrage universel ; c'est là
un élément nouveau qui a bouleversé de fond en comble le problème, qui l'a énormément compliqué, et qui a introduit la politique *quantitative*. Qu'est-ce que la politique quantitative ? C'est
juste le contraire du jacobinisme, c'est la majorité forte dictant

sa volonté, et un gouvernement faible se soumettant à cette volonté quelle qu'elle soit. Les hommes d'Etat et les législateurs ne se sont pas aperçus de ce changement de conditions historiques, ils ont continué à gouverner comme par le passé, seulement ils ont gouverné de plus en plus mal, leur autorité a été de moins en moins acceptée; pleins de bonne volonté, ils se heurtaient à chaque instant à l'infranchissable barrière du vote populaire. Battus plus d'une fois au moment où ils s'y attendaient le moins, déçus à plusieurs reprises dans leurs plus chères espérances, les républicains et les monarchistes ont alors adopté cette politique d'expédients, de finesses et de ruses, qui passe pour être la meilleure preuve de sagesse, et qui n'est en réalité que la preuve la plus flagrante de l'impuissance.

Considérée à ce point de vue, la question du système électoral se résout facilement : la politique autoritaire a besoin du scrutin de liste qu'on peut guider à son gré au moyen de comités anonymes préparés à l'avance ; le scrutin d'arrondissement est l'acheminement à la politique contraire, à la politique de décentralisation. Là est la véritable signification de différend entre les deux fractions de la gauche, là est son importance. Voyez d'abord ce curieux phénomène : M. Gambetta et M. Clémenceau, deux ennemis parlementairement irréconciliables, tombent d'accord sur la nécessité de scrutin de liste et poursuivent la campagne avec la même conviction, le même acharnement ; la droite la plus intransigeante s'allie à une partie notable de républicains sincères de toutes les nuances pour défendre le scrutin d'arrondissement. Sont-ce là, comme on l'a prétendu, de simples préoccupations d'intérêt personnel? Cette thèse puérile n'est soutenable ni à l'égard des uns, ni à l'égard des autres, car les meneurs des deux partis sont justement ceux qui sont sûrs d'être toujours élus, quel que soit le mode de scrutin ; d'ailleurs, le Sénat parfaitement désintéressé quant à ce côté de la question a dû, lui, obéir à d'autres considérations. Ces singulières alliances, entre gens d'habitude si divisés, ont des raisons plus sérieuses qu'il ne faut pas laisser dans l'ombre. Il existe à l'heure qu'il est en France deux courants distincts : l'un qui continue la tradition ancienne, tradition qui appartient à la monarchie aussi bien qu'à la république, l'autre qui cherche, un peu inconsciemment, une nouvelle voie. D'un côté se trouve la majorité des républicains militants, habitués à respecter non-seulement les idées, mais encore les formes léguées par la Révolution, de l'autre toute cette masse de gens, d'opinions les plus diverses, qui ne demandent qu'à vivre le plus tranquillement possible, à travailler et à jouir paisiblement de leur fortune sans cependant se désintéresser des affaires du pays. Il est très vrai que parmi ces derniers un grand nombre, pour ne pas dire le plus grand nombre, appartient au parti conservateur ou au parti modéré, mais ce n'est là que le résultat des antécédents historiques, et particulièrement de la politique du dernier Empire, que la diffusion des idées libérales changera bien vite. Certes, quant au savoir, au talent, à l'habileté, les républicains unitaires, ces descendants directs des grands acteurs de 1793, de 1830 et de 1848, doivent occuper la première place. Hommes d'opposition ou hommes de gouvernement ils possèdent toutes les finesses du régime parlementaire et ont été, en plus d'une circonstance difficile, grandement utiles à leur pays ; seulement il s'agit de décider si leur habileté, leur talent et leur savoir rachètent la mauvaise direction qu'ils suivent, si les fautes qu'ils ont commises n'équivalent pas aux services qu'ils ont rendus. Ici les provinciaux, les ruraux, comme on les appelait il n'y a pas bien longtemps encore, ont quelque droit d'intervenir, car, après tout, ils constituent la majorité et s'ils ne font pas de politique générale, ils prennent une part active au développement du bien-être national sans lequel aucune politique n'est possible. Or, républicains ou monarchistes, ils trouvent qu'on s'est trop habitué à leur imposer des doctrines qui sont peut-être théoriquement très justes, mais qu'ils ne partagent pas, qu'on se soucie trop peu de leurs aspirations particulières et de leurs désirs, faisant faire au nom de quelques-uns de prodigieux sauts en avant ou en arrière, au grand dommage de tous ; ils trouvent aussi que le gouvernement du pays par le pays est une fort belle phrase qui n'est guère mise en pratique, qu'on n'a provisoirement que le gouvernement du pays par Paris, et que Paris quelque savant qu'il soit ne se pique pas beaucoup de connaître la France. Ce ne sont sans doute là que des critiques purement négatives, et les mécontents seraient à coup sûr bien embarrassés de formuler nettement un programme précis ; ils n'ont qu'un vague sentiment de la nécessité de conditions politiques nouvelles, en cela encore ils sont inférieurs à leurs adversaires qui savent, eux, où ils vont et ce qu'ils veulent. Ils comprennent pourtant parfaitement qu'il importe avant tout de revendiquer une plus large part d'influence pour l'élément local, et de combattre la centralisation à outrance : — c'est pour cela qu'ils ont soutenu de leurs votes le scrutin d'arrondissement.

Il n'est pas difficile de voir qu'aucune des deux tendances contraires ne peut constituer un véritable système politique, susceptible de régler la marche des choses sociales, mais on voit clairement aussi que leur mérite n'est pas égal, que l'une d'elles est un anachronisme, tandis que l'autre renferme en germe une conception nouvelle qu'il faut examiner.

Le jacobinisme est devenu une impossibilité matérielle depuis l'introduction du suffrage universel, comme la métaphysique est devenue un non-sens depuis l'intervention de la science positive. On a beau l'amender, l'envelopper de formules nouvelles, en adoucir les aspérités, on ne fera pas que des doctrines puissent s'imposer à des masses qui sont reconnues souveraines dans l'expression de leur volonté. De deux choses l'une, en effet : ou bien une minorité intelligente arrivée au pouvoir a le droit de forcer la majorité ignorante à accepter ses idées, alors il est clair que le vote populaire est une simple et inutile formalité, une sorte de décoration sans aucune valeur politique, ou bien le suffrage universel est le principe fondamental, la force motrice de la constitution, alors il n'y a rien à lui imposer, et aucun gouvernement fort n'est nécessaire. Je sais bien que les théoriciens de la politique moderne n'acceptent pas ce dilemme ; à cette situation dont ils sentent parfaitement les difficultés, ils trouvent une solution qui n'est pas sans ingéniosité. Nous ne voulons à aucun prix, disent-ils, contrecarrer l'opinion du pays, quelle qu'elle soit, nous nous inclinons devant elle, mais nous pouvons bien essayer de l'éclairer si elle se trompe, de la modifier si elle est contraire à nos vues ; or, pour cela, nous avons besoin d'une puissante organisation administrative qui commande le respect et l'obéissance à la légalité acquise.

C'est là une subtile métaphysique qui n'est certes pas sans habileté, mais qui a le tort grave de n'être ni franche, ni conforme à la réalité. Tous les documents positifs que nous possédons sur le développement de la civilisation, nous démontrent de la manière la plus évidente que les conceptions intellectuelles, morales et sociales du peuple, ne se modifient qu'avec une extrême lenteur, par un travail dont l'impulsion vient de condi-

*

tions extraordinairement complexes et dans lequel les classes dirigeantes n'interviennent que tout à fait indirectement. Mais il y a plus, à l'heure présente, le peuple, c'est-à-dire la très grande majorité des électeurs, s'il a des croyances plus ou moins vagues en matière de philosophie, n'a aucune espèce d'idées politiques, ni bonnes, ni mauvaises, ni vraies, ni fausses. Entendons-nous, car une pareille affirmation pourrait sembler étrangement paradoxale. Je ne prétends nullement que la partie même la plus illettrée de la population n'ait pas été à son heure sincèrement bonapartiste et qu'elle ne soit pas à l'heure actuelle plus ou moins républicaine, je dis seulement que les mots république et empire, entendus comme les entendent les masses, ne constituent pas des régimes politiques déterminés; que ce sont là de simples enseignes qui effrayent ou attirent, sans qu'on ait la moindre notion de ce que ces enseignes représentent. C'est sur cette confusion manifeste entre les termes et les faits que les néo-jacobins construisent tous leurs calculs. Le peuple, disent-ils, veut la République, il l'a affirmé en choisissant des candidats républicains; mais, comme il peut y avoir un grand nombre de républiques, et qu'il n'a pas précisé sa volonté, nous allons lui faire celle de notre choix, en proclamant bien haut que c'est celle qu'il voulait. Telle est toute la doctrine, elle est, comme on voit, d'une extrême simplicité. A ceux qui seraient tentés de la trouver quelque peu jésuitique, les partisans répondent qu'il n'y a là de dommage pour personne; que, si le suffrage universel trouve mauvais ce qui a été fait, il nommera plus tard une Chambre qui le défera, s'il l'approuve, ce sera une preuve décisive qu'on ne s'est pas trompé. Il n'y a qu'une troisième alternative qui reste sans réponse, et c'est la seule, justement, qui corresponde à la réalité. La masse électorale peut se désintéresser et laisser faire des institutions dont elle ne comprend ni la valeur ni la portée. C'est ainsi, en effet, que les choses se passent habituellement. Le peuple a assisté impassible aux expériences impériales, aux tentatives de l'Assemblée de Versailles, il regarde, sans parti pris, les fluctuations de la politique actuelle, et tous ces gouvernements qui se sont succédé sont tombés par leurs propres fautes, nullement à la suite d'un veto populaire. Il arrive, sans doute, un moment, où les maladresses accumulées soulèvent l'indignation du suffrage universel, mais ce n'est jamais qu'alors qu'elles aboutissent, directement ou indirectement, à des résultats d'ordre économique; pour l'Empire, cela a été la guerre, pour le gouvernement de M. Mac-Mahon, une stagnation dans les transactions industrielles et commerciales. Et encore cette indignation n'est-elle que purement négative, elle montre bien ce qui doit être supprimé, elle n'indique, en aucune façon, ce qui doit être fondé, de sorte que le parti arrivé au pouvoir a toujours la possibilité de se considérer comme représentant la généralité du pays et de se donner carte blanche pour agir absolument à sa guise. Depuis dix ans tous les groupes républicains, les groupes conservateurs, aussi bien que les libéraux, ont pu dire, tour à tour, avec une apparence de légitimité, qu'ils étaient l'expression des aspirations du peuple français, sans qu'on ait eu le moyen d'opposer à leurs affirmations autre chose que des appréciations subjectives et arbitraires. Il est vrai que ces changements de programmes politiques coïncidaient avec les déplacements de la majorité parlementaire, et que cette majorité est censée correspondre à la majorité du pays ; mais c'est précisément cette fiction constitutionnelle qu'il s'agirait de démontrer. Les élections se font sur des théories générales ou, pour mieux dire, sur de vagues formules qu'on peut interpréter de toutes les manières et qui n'ont par elles-mêmes aucune espèce de signification. Que veut dire, par exemple, la « révision » qui est dans ce moment-ci à la mode, de même que la dissolution des congrégations plus ou moins autorisées l'était-il, y a de cela deux ans ? Il y a mille façons de reviser l'organisation du Sénat, les unes utiles, les autres absolument inefficaces, de même qu'il y a des procédés fort différents pour lutter contre les empiètements du cléricalisme et, entre autres, les procédés dérisoires, dont on a fait usage. En réalité, tous ces superbes programmes servent d'excellents appâts pour attirer les électeurs qui, en gens inexpérimentés, aiment les vastes horizons et les larges promesses, les élus en prennent ce qu'ils veulent suivant les vues de leur parti. Si c'est là le gouvernement du pays par le pays, il est permis de trouver que le mot correspond bien peu à la chose. Cette chose qui n'est nullement une utopie, puisqu'elle existe depuis longtemps et dans plusieurs pays, on ne la possèdera jamais tant qu'on aura la théorie et la pratique jacobines en haut et le suffrage universel en bas.

D'un tout autre ordre est l'erreur de ceux qui tendent inconsciemment vers la prépondérance de l'élément local ; elle est dans l'inconscience même de leurs efforts. Ils n'ont devant eux aucun objectif clairement défini ; cela est si vrai qu'il y a parmi les décentralisateurs autant de monarchistes que de républicains ; or, il est évident qu'ils n'entendent pas se servir de la décentralisation pour le même but politique. Au-delà d'un certain point ils se divisent, sans trop savoir où ils vont les uns et les autres. Ce n'eût été que demi-mal si la réalisation graduelle de leurs aspirations leur permettait de se reconnaître et d'élaborer une doctrine ; mais leurs aspirations sont de celles qui n'ont aucune chance de se réaliser, si peu que ce soit, dans les conditions présentes. De même que l'unité gouvernementale est incompatible avec le fonctionnement normal du suffrage universel, la décentralisation est inconciliable avec l'organisation politique qui existe. Un gouvernement qui n'a qu'un souci, celui de sa force, qui ne cherche qu'une chose, une majorité compacte et docile pour lui imposer plus facilement ses opinions, ne peut souffrir aucune atteinte à ses prérogatives, aucune volonté étrangère qui compliquerait sa tâche. Le régime républicain, tel qu'il se pratique, n'est qu'une édition retouchée, mais non refondue, du régime ancien, il est basé tout entier sur la prépondérance du pouvoir exécutif. Comme Louis XIV, le gouvernement peut dire de nos jours : l'État, c'est moi, car le pouvoir législatif et le pouvoir judiciaire ne sont pour lui que des annexes qu'il peut toujours, avec un peu d'habileté, façonner à sa guise. Je n'examine pas l'origine, d'ailleurs évidente, d'une pareille organisation ; je n'en relève pas le caractère essentiellement anti-démocratique et anti-républicain, je dis seulement qu'avec un système supposant de toute nécessité un gouvernement fort, il est chimérique d'espérer aboutir à une décentralisation quelque peu sérieuse.

Ces points étant élucidés, je reprends la question que je posais au début : la Chambre nouvelle représentera-t-elle réellement l'opinion du pays ? et je dis que cette question qu'on soulève à propos de toutes les Chambres élues depuis 1871 est une question oiseuse, puisqu'elle ne correspond à aucun fait réel, concret. Quel que soit le mode de votation, le peuple ne peut exprimer des opinions politiques qu'il n'a pas, c'est tout au plus s'il indique les sentiments qui l'agitent et les vagues espérances qu'il nourrit. D'autre part, les législateurs une fois élus ne s'inquiètent plus des électeurs, ils règlent leur conduite sur les évènements. Scrutin de liste et scrutin d'arrondissement sont des procédés artificiels qu'on emploie pour obtenir une consultation dont on a rédigé à l'avance les termes, et dont on se prévaut à l'occasion. La vérité est, qu'entre ceux qui votent et ceux qui se font élire, il n'y a aucune équivalence intellectuelle ; ce sont deux humanités distinctes : l'une toujours dirigée, quoique proclamée souveraine, l'autre toujours dirigeante, quoique se disant humble servante, et qu'il serait infiniment plus logique de renverser la question et de demander si le pays est ou n'est pas à la hauteur de la Chambre qu'il vient de nommer. Je ne fais pas, remarquez-le bien, le procès d'une Assemblée qui n'a encore rien fait et qui fera peut-être d'excellentes choses ; je dis seulement qu'elle ne représentera pas le pays, par cette raison très simple que le pays est composé en majorité de gens profondément ignorants des exigences complexes et multiples des affaires sociales. Les deux politiques que j'examinais tout à l'heure, insuffisantes et fausses toutes les deux, aboutissent, en fait d'élections législatives, au même résultat : à l'exploitation de la naïveté des masses et au règne des minorités.

Il semble ainsi qu'on soit enfermé dans un cercle vicieux sans issue, et qu'il ne reste plus qu'à se croiser les bras en attendant qu'un événement imprévu quelconque, comme il s'en est présenté plus d'une fois en France, nous permette d'en sortir. Une pareille conclusion est inadmissible, car les faits positifs ne se laissent jamais guider par le hasard, le progrès n'est jamais l'œuvre d'un accident ; il importe donc de chercher une solution. Pour cela, commençons par débarrasser le problème des contradictions qu'il renferme. Si, d'une part, le point de vue jacobin est en contradiction avec la souveraineté populaire, telle qu'elle apparaît dans le suffrage universel, et si cette souveraineté est une conception fondamentale désormais indestructible ; si, d'autre part, le *self-government* est irréalisable avec les formes politiques établies, il ne reste plus qu'une conclusion : la nécessité de modifier profondément ces formes pour les mettre d'accord avec l'inévitable logique des choses. Bouleverser de fond en comble une Constitution que les plus avancés sont disposés à considérer comme une sorte d'arche sainte nous préservant de toutes les catastrophes à venir, cela n'est-il pas de la démence ? Je commencerai par faire observer que cette Constitution est, je crois, la quinzième depuis un siècle, et que toutes ont été saluées comme des œuvres de salut social, ce qui ne les a pas empêchées d'être déchirées et d'être jetées un beau jour au panier ; mais ce n'est pas là l'excuse que je veux mettre en avant. Ces pages ne constituent ni une profession de foi électorale, ni le manifeste d'un parti qui recherche le pouvoir ; elles ont une prétention plus modeste et plus haute en même temps, celle d'introduire dans un domaine obscur, où la métaphysique règne en maîtresse, la méthode qui appartient aux sciences positives. Il est plus que vraisemblable que la Chambre nouvelle, qui va se réunir prochainement, et un certain nombre d'autres Chambres qui lui succéderont ne toucheront pas au principe des institutions actuelles ; peu importe, la question n'est pas dans l'exécution immédiate de réformes dont l'avenir seul nous indiquera le détail, elle est dans la détermination de la direction qu'on finira bien par suivre un jour, parce qu'elle est l'inévitable conséquence du développement social. Supposons donc, un instant, que nous sommes en plein vingtième siècle, que les thèses philosophiques ne sont plus traitées avec dédain, que les vieux préjugés n'existent plus, et revenons à notre problème.

Notre point de départ est tout trouvé, c'est le suffrage universel que tous, conservateurs et libéraux, sont unanimes à considérer comme la pierre angulaire de l'édifice politique moderne en France. Il s'agit seulement d'en régler le fonctionnement et, par là, j'entends toute autre chose que le mode de scrutin. Tel qu'il se pratique, le vote populaire s'applique à des questions de théorie politique pour lesquelles il n'a et ne peut avoir aucune compétence ; son action en tant qu'instrument de gouvernement est donc nulle, quand elle n'est pas, comme nous l'avons vu plus d'une fois, extrêmement nuisible. Mais, comment le rendre compétent sans instruire et améliorer les hommes ? D'une façon très simple. L'ignorance du peuple est une ignorance relative, limitée, car le peuple sait, et sait très bien beaucoup de choses dont les hommes politiques les plus clairvoyants ne se doutent même pas, c'est exclusivement sur ces choses qu'il faut le consulter. De cette vérité si incontestable et pourtant si contestée découlent une série de conséquences qui constituent un nouveau régime, le régime de la décentralisation politique avec un pouvoir central ne réglant que les affaires réellement communes à toutes les parties du pays. Ce régime n'est pas un rêve de philosophe, il existe dans deux pays, la Suisse et les États-Unis, fort différents quant à leur origine et à leur destinée, mais qui ont précisément cela de commun qu'ils sont les seuls pratiquant depuis très longtemps le suffrage universel. Est-ce par une coïncidence fortuite qu'ils ont adopté, dans des milieux si peu semblables, un même système politique, le système de l'autonomie de leurs fractions constituantes, le self-government dans le sens le plus large du mot? Il n'y a pas de coïncidences fortuites dans les phénomènes sociaux de cette importance, touchant de si près aux conditions essentielles d'existence de millions d'êtres humains, et c'est à d'inévitables nécessités que les deux républiques ont obéi, en adaptant à la conception de la souveraineté populaire la seule forme qui lui convienne : le fédéralisme. Je n'ignore pas les répulsions que ce mot soulève en France, où il passe pour synonyme d'anarchie, pour équivalent de destruction de la nationalité, mais cela tient à l'esprit métaphysique qui domine encore les classes dirigeantes dans toutes les questions du domaine social. Les classes dirigées, c'est-à-dire l'immense majorité, sont loin d'être hostiles à l'esprit de particularisme ; dans les villes comme dans les campagnes, elles ne s'intéressent réellement qu'à ce qui se passe en deçà de l'étroit horizon de leur savoir positif, laissant les idées d'ensemble et les grandes phrases à ceux qui s'en sont fait une productive spécialité. L'unité française dont on parle tant et qui revient si souvent dans les péroraisons des discours à effet, où est-elle en dehors du cerveau des politiciens? Certes, il y a un pays qui s'appelle la France, qui a enfanté et enfantera encore de grandes et belles choses, qui a vécu de sa vie propre fort différente de celle des pays voisins. Mais est-ce que la Suisse et l'Amérique n'ont pas leur individualité, est-ce que l'une n'a pas conservé la liberté au milieu des débordements du despotisme qui l'entourait de tous côtés ? est-ce que l'autre n'a pas créé de toutes pièces, en un siècle, une prodigieuse civilisation? est-ce que toutes les deux ne possèdent pas le sentiment profond de la patrie? Mais ce n'est pas de cette unité compatible avec le fédéralisme que les orateurs ont l'habitude de parler. Leur idéal n'est pas dans la communauté des sentiments et des intérêts, il est dans quelque chose de plus pratique, de plus concret, dans la commune soumission aux ordres partis d'en haut. En cela ils s'illusionnent grandement ; en France, depuis longtemps, l'unanimité de l'obéissance a disparu. Parti républicain, parti bonapartiste, parti légitimiste, parti orléaniste, s'il y en a, chacun tire de son côté et ne capitule que devant la force ; les populations catholiques ne vivent pas en paix avec les populations indifférentes; les producteurs du Nord font une guerre acharnée aux producteurs du Midi. On oublie tout cela ou, plus exactement, on ne se donne pas la peine de l'examiner, cela gênerait trop la doctrine de la centralisation.

Le lecteur comprend maintenant à quel point de vue je me place pour juger les faits de la politique contemporaine. Cette politique qui n'a de nouveau que les hommes qui la dirigent, car ses principes datent de bien avant 1789, est arrivée à une impasse, dans laquelle elle se débattra jusqu'au jour où son centre de gravité sera déplacé, et les rôles des gouvernants et des gouvernés intervertis. D'ici là, nous n'aurons que des discussions, parlementaires plus ou moins dans le vide, et des essais de marche en avant plus ou moins infructueux, — ce sera le triomphe de ceux qui aiment à rester sur place. Pourtant il est certain que, dans cette incurable stérilité, il peut y avoir des degrés, que les fausses conceptions qui nous conduisent peuvent osciller dans des limites assez larges; les résultats du dernier scrutin ont donc une importance qu'il ne faut pas exagérer, mais qui est très réelle. Seulement, ici encore, il faut s'entendre sur la position de la question. Il ne s'agit nullement de rechercher si la future majorité appartiendra à la gauche, à l'union républicaïne ou à l'extrême gauche, — les programmes ne signifient rien et changent plus d'une fois dans le courant d'une législature, quelquefois même dans le courant d'une session, — il s'agit de savoir quel sera le chef du ministère que cette majorité entendra soutenir. Il est manifeste, quoi qu'on dise, que dans le système politique présentement en vigueur, c'est là le point fondamental, puisque c'est le pouvoir exécutif qui joue le premier rôle.

Dans les conjectures qu'on peut faire à cet égard on peut s'appuyer sur une prévision certaine : la Chambre qui vient d'être élue sera acquise à M. Gambetta ; mais un côté reste obscur : on ignore le rôle que M. Gambetta entend prendre à la Chambre. En Angleterre, dans ce pays du parlementarisme formaliste, où la tradition s'impose envers et contre tout, le doute n'eût pas existé un seul instant, le leader de la majorité serait devenu nécessairement, obligatoirement président du Conseil ; mais nous ne sommes pas en Angleterre, nous sommes au milieu d'un parlementarisme quelque peu fantaisiste, auquel les souvenirs des régimes dictatoriaux donnent un aspect absolument particulier. Cependant il est extrêmement vraisemblable que M. Gambetta, après quelque hésitation, prendra en main le pouvoir ; en tous cas, cette solution, la seule logique, est grandement désirable. Puisque dans la politique actuelle, dans la politique jacobine, le gouvernement est une affaire d'ascendant personnel, il est tout naturel d'appeler de ses vœux l'homme qui depuis dix ans exerce le plus d'influence sur le parti républicain, alors surtout que cet homme a montré, en plus d'une circonstance, qu'il était non-seulement grand orateur, mais encore politique habile. Jusqu'à présent, il faut bien le dire, nous avons eu d'innombrables ministres, mais nous n'avons pas eu de ministère, dans le sens parlementaire du mot, nous avons vu défiler des catalogues de mesures particulières, il ne s'est pas trouvé de programme gouvernemental.

M. Gambetta fera cesser, pour un temps du moins, cela n'est pas contestable, cette étrange anarchie ; il nous donnera un ministère et un programme. Le personnel de ce ministère n'a pas à nous occuper ici, — il est certain qu'il sera choisi parmi ceux qui s'entendent sur tous les points, mais le programme doit nous intéresser dès à présent. M. Gambetta est jacobin, ce qui est un tort ; mais il a compris que les principes absolus étaient des rêves creux, et il a introduit dans son parti, la notion des conditions concrètes, — ce qui est un grand mérite. Quelles que soient les critiques intéressées de ceux qui veulent avancer ou rétrograder quand même, au nom d'un idéal fixé à l'avance, il est certain que l'opportunisme constitue un notable progrès sur les anciennes conceptions de la métaphysique révolutionnaire. Son côté faible, c'est que l'appréciation de l'opportunité des mesures à prendre est laissée à l'arbitraire des considérations individuelles. Telle réforme est jugée mûre, telle autre est repoussée comme contraire à la volonté du pays, sans qu'il y ait d'autres preuves de cette maturité ou de cette opinion collective, qu'une conviction, à coup sûr très sincère et très autorisée, mais sujette aux plus graves erreurs. Certes, M. Gambetta connaît aussi bien que qui ce soit, les besoins et les aspirations du pays ; avec les renseignements qu'il est en mesure d'avoir et le tact qui le caractérise, il a ce qu'il faut pour apprécier avec toute l'exactitude possible, et à chaque moment donné, la température du corps social. Malheureusement cette méthode subjective d'investigation appliquée à l'ordre si complexe des phénomènes sociaux, n'aboutit, dans les conditions les plus favorables, qu'à une approximation relative, soumise à toutes espèces de chances et à toutes sortes de hasards. Là est l'immense, l'irréparable défaut de la politique dont M. Gambetta a été l'initiateur : supérieure par le sentiment très profond de l'a réalité, elle laisse la porte grande ouverte aux erreurs individuelles, et peut prêter trop souvent le flanc aux justes critiques des adversaires. Elle se réduit, en dernière analyse, à la détermination très délicate et très difficile de ce que l'homme d'Etat croira ou ne croira pas devoir faire dans un avenir plus ou moins prochain, c'est-à-dire à un calcul de probabilités sans aucun des éléments que ce calcul exige.

Telle est l'objection capitale qui diminue beaucoup la valeur positive de l'opportunisme comme doctrine politique. Mais aujourd'hui qu'il ne s'agit que du cas particulier de son application au moment actuel ou à l'avenir le plus immédiat, le problème se simplifie considérablement. Nous connaissons, en effet, de longue date, les opinions de M. Gambetta sur la plupart des questions à l'ordre du jour : relations extérieures, rapports avec l'Eglise, organisation de l'armée, instruction publique, réformes à introduire dans la Constitution. On trouve le résumé de tout cela dans le manifeste-programme de son comité électoral de Belleville, accepté et contresigné par lui. Les solutions qu'il y propose peuvent être insuffisantes, elles ont, en tout cas, le grand avantage d'être parfaitement claires, et il est certain que M. Gambetta fera tous ses efforts pour les réaliser législativement. Elles ne renferment, d'ailleurs, il faut le dire, rien de bien original, rien qui n'ait été déjà proposé, discuté à la tribune ou dans la presse ; elles sont comme une moyenne entre ce que veulent les modérés et ce que veulent les radicaux, entre la marche trop lente et la marche trop rapide. A bien prendre, le programme suivi par le ministère actuel et le programme de M. Gambetta sont identiques dans leurs lignes principales, ils ne diffèrent que par le tempérament des hommes qui les défendent, et peut-être par un point, fort secondaire au fond, mais auquel on attache présentement une grande importance — la transformation du Sénat. M. Ferry semble ne consentir qu'à regret à toucher au mode d'élection et aux prérogatives de la Chambre haute. M. Gambetta veut porter résolûment la pioche dans ce coin particulier de la Constitution ; la « révision » est un danger pour l'un, une impérieuse nécessité pour l'autre. Cette différence, qui a servi de thème à tant de discours et à tant d'articles, se réduit pratiquement à bien peu de chose, car il est à peu près certain qu'on n'obtiendra rien jusqu'au renouvellement du dernier tiers du Sénat, et que ce renouvellement, une fois fait, le caractère de la majorité sénatoriale changera considérablement. D'ici là on aura, sans doute, de fréquentes difficultés, mais ces difficultés, dont on se plaint avec raison, ne tiennent pas seulement à l'esprit qui anime le Sénat, elles tiennent à l'ensemble de la construction politique bâtarde que nous a légué l'Assemblée de Versailles. Cette construction qui ne se tient dans aucune de ses parties, qui ne vit que par le respect superstitieux dont on l'entoure, ne peut supporter aucune réparation, elle s'effondrera au premier contact. Le parti radical le sent bien, et il est logique dans ses réclamations, lui qui aspire à la destruction totale, absolue de l'œuvre de 1875 ; mais M. Gambetta qui veut les modifications graduelles, la transformation pièce à pièce, est-il aussi bien inspiré, et n'est-il pas permis de croire que sur ce point de politique M. Ferry a le sentiment plus juste de la situation ? Je crois, pour ma part, que le régime sous lequel nous vivons pourrait être remanié de fond en comble, qu'il pourrait être remplacé par un régime meilleur sans aucun danger de complications extérieures ou intérieures, mais ce n'est pas de mon opinion qu'il s'agit, c'est de celle de M. Gambetta. Or, M. Gambetta, qui entend rester constitutionnel, sera bien vite amené à comprendre qu'aucune révision partielle n'est praticable.

Quoi qu'il en soit, on peut dire, sans crainte de se tromper, que M. Gambetta, comme chef du ministère, tirera le meilleur parti possible du régime actuel au profit du progrès, c'est-à-dire, de l'amélioration du bien-être intellectuel, moral et matériel du grand nombre ; ennemi du sentimentalisme en politique, il s'attachera à profiter des évènements propices et à écarter les évènements contraires sans jamais heurter de front l'opinion dominante ; partisan convaincu, je dirai volontiers passionné, de la liberté démocratique, il fera tout ce qui dépendra de lui pour la faire triompher dans tous les domaines sociaux ; *leader* incontesté de la majorité parlementaire, en même temps que représentant responsable du pouvoir exécutif, il aura une puissance que personne jusqu'ici n'a pu avoir, et cette puissance, chose rare, il n'en abusera pas à son profit. Ce qu'il ne pourra pas faire, c'est que le régime actuel soit bon, qu'il soit conforme aux exigences de la logique des choses, aux besoins des intérêts modernes tels qu'ils sont réglés par le suffrage universel.

M. Gambetta est le représentant le plus brillant et en même temps le plus sensé de la politique unitaire, de cette vieille politique qui n'est plus dans la réalité ; on peut dire qu'avec lui elle joue son dernier atout. La partie qui va s'engager sera gagnée, cela n'est pas douteux, mais ce triomphe éphémère ne supprimera pas les difficultés qui naissent à chaque pas, et qui poussent insensiblement la société vers la décentralisation politique.

G. WYROUBOFF.

VERSAILLES, IMPRIMERIE CERF ET FILS, RUE DUPLESSIS, 59.